¡Protege a los osos polares!

Grace Hansen

PEQUEÑOS ACTIVISTAS:
ESPECIES EN PELIGRO

Abdo Kids Jumbo es una subdivisión de Abdo Kids
abdobooks.com

abdobooks.com

Published by Abdo Kids, a division of ABDO, P.O. Box 398166, Minneapolis, Minnesota 55439.
Copyright © 2020 by Abdo Consulting Group, Inc. International copyrights reserved in all countries.
No part of this book may be reproduced in any form without written permission from the publisher.
Abdo Kids Jumbo™ is a trademark and logo of Abdo Kids.

052019

092019

 THIS BOOK CONTAINS
RECYCLED MATERIALS

Spanish Translator: Maria Puchol

Photo Credits: iStock, Shutterstock

Production Contributors: Teddy Borth, Jennie Forsberg, Grace Hansen

Design Contributors: Dorothy Toth, Laura Mitchell

Library of Congress Control Number: 2018968168

Publisher's Cataloging-in-Publication Data

Names: Hansen, Grace, author.

Title: ¡Protege a los osos polares!/ by Grace Hansen.

Other title: Help the Polar Bears. Spanish

Description: Minneapolis, Minnesota : Abdo Kids, 2020. | Series: Pequeños activistas: especies en peligro

Identifiers: ISBN 9781532187575 (lib.bdg.) | ISBN 9781532188558 (ebook)

Subjects: LCSH: Polar bear--Juvenile literature. | Wildlife recovery--Juvenile literature. |
    Endangered species--Juvenile literature. | Ice--Arctic regions--Juvenile literature. | Conservation--
    Juvenile literature| Bears--Juvenile literature. | Spanish language materials--Juvenile literature.

Classification: DDC 333.954--dc23

Contenido

Osos polares

Los osos polares rondan
por los lugares más fríos del
planeta. Viven en el Ártico.

El Ártico es la zona más septentrional de la Tierra. Los mares árticos tienen hielos marinos. Allí es donde los osos polares cazan su comida favorita, ¡las focas!

Estado actual de conservación

Los osos polares están considerados en estado **vulnerable**. Esto significa que pueden pasar a estar **en peligro de extinción**. Sobre todo, si continúan las amenazas contra ellos.

8

Los osos polares se enfrentan a varias amenazas. El Ártico está muy lejos de la gente pero no por ello está a salvo de la **contaminación**.

El viento y las corrientes oceánicas llevan **productos químicos** a partes del Ártico. Las focas absorben esas sustancias químicas y los osos polares las reciben al comerse las focas.

La mayor amenaza para los osos polares es la pérdida de su hábitat. Las estaciones cada vez más largas y cálidas están derritiendo el hielo marino.

Las altas temperaturas se deben al **cambio climático**. Los **gases de efecto invernadero** en el aire ayudan a mantener el calor en la Tierra. Pero tantos gases la están calentando demasiado.

Cómo ayudar

Los **combustibles fósiles** son parte del problema. ¡Todos podemos hacer algo para ayudar! Usar electricidad gasta combustibles fósiles. Apagar las luces al salir de los sitios ayuda a ahorrar.

18

19

Usar la bicicleta o caminar a lugares cercanos ahorra gasolina. Usar bolsas reutilizables en lugar de plástico o papel. ¡Crear menos **contaminación** y cuidar la naturaleza ayuda a los osos polares y a la Tierra!

En resumen

- Estado actual de conservación: **vulnerable**

- Población: 26,000

- Hábitat: tundra ártica y hielo marino

- Mayores amenazas: caza ilegal, pérdida del hábitat y **contaminación**

22

Glosario

cambio climático – aumento del promedio de las temperaturas mundiales.

combustible fósil – combustible natural como el carbón o el gas. Compuesto de restos de organismos vivos de una época geológica pasada.

contaminación – productos tóxicos, desecho y otros materiales contaminantes.

en peligro de extinción – probabilidad de desaparecer.

gas de efecto invernadero – gas, como el dióxido de carbono, que contribuye al cambio climático si se emite en abundancia.

producto químico – sustancia preparada artificialmente.

vulnerable – probabilidad de estar en peligro de extinción, salvo que mejoren las circunstancias que amenazan su supervivencia y reproducción.

23

Índice

Abdo Kids
ONLINE
FREE! ONLINE MULTIMEDIA RESOURCES

¡Visita nuestra página
abdokids.com y usa este código
para tener acceso a juegos,
manualidades, videos y mucho más!

Código Abdo Kids:
LHK2037